Mon journal de la confiance en moi

Ton guide pour t'accepter telle que tu es et dépasser tes peurs

NOUVELLE ÉDITION

Marguerite Depradel

Mon journal de la confiance en moi

www.toienmieux.com

© Marguerite Depradel

La confiance en soi est un pouvoir extraordinaire qui réside en toi, capable de transformer une simple pensée en une action puissante. Elle te pousse à faire entendre ta voix, à poursuivre tes rêves avec détermination, et à devenir la personne incroyable que tu es destinée à être.

Pourtant, il y a parfois cette petite voix négative qui se glisse dans nos esprits. Elle chuchote que tu ne peux pas, que c'est trop difficile, que c'est trop risqué. Mais ici, dans ces pages, nous allons affronter cette petite voix et la faire taire.

Ce journal est conçu pour être ton compagnon dans cette aventure. Il te guidera à travers des exercices, des réflexions, et des activités qui te permettront de développer ta confiance en toi et d'embrasser pleinement le potentiel qui sommeille en toi.

Prête à commencer cette incroyable aventure ? Laisse-nous t'aider à devenir la version confiante de la personne géniale que tu es déjà.

Table des matières

"Les portes de l'avenir sont ouvertes
à ceux qui savent les pousser."

COLUCHE (HUMORISTE)

"Ils ne savaient pas que c'était
impossible alors ils l'ont fait."

MARK TWAIN (ÉCRIVAIN)

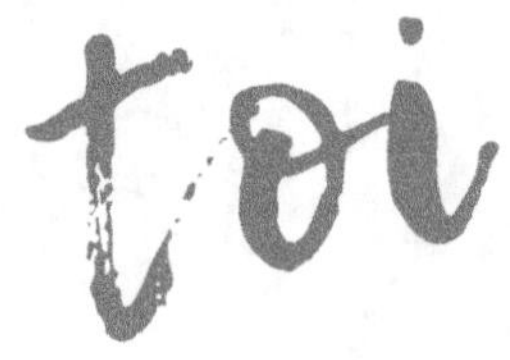

Avoir confiance en toi signifie t'accepter telle que tu es. Tu ne peux pas plaire à tout le monde ou être tout le temps d'accord avec les autres. Tu as tes opinions, tes goûts, tes qualités et tes défauts, tes victoires et tes échecs, ton histoire. Ce sont toutes ces choses qui te rendent intéressante et qui font que tu es unique.

Cela ne signifie pas que tu ne doives pas améliorer ce qui peut l'être ou changer ce que tu n'aimes pas si tu le souhaites. Cela veut juste dire que tu es toi-même et c'est très bien comme cela. Tu n'as pas à être parfaite ou à tout le temps chercher à plaire aux autres ou à te faire accepter.

T'accepter telle que tu es implique de savoir qui tu es, ce que tu aimes et ce que tu souhaites pour toi-même, aujourd'hui et dans le futur. Voilà pourquoi, tout au long de ce guide, tu pourras répondre à des questions te concernant afin de mieux te connaître. Il n'y a pas de bonnes ou de mauvaises réponses. L'important est d'être honnête avec toi-même.

Qu'est ce que la confiance en soi ?

Entoure les réponses qui te semblent justes :

Parler plus fort que les autres afin de les faire taire

Prendre la parole pour donner ton opinion quand c'est ton tour

Ne faire que ce qui te plait

Te vanter et rabaisser les autres afin de te sentir mieux

Te respecter et respecter les autres

Te moquer des autres

Tirer avantage de la faiblesse des autres

Fixer tes propres limites

Être impertinente ou braver l'autorité

Faire les activités qui te plaisent quand tu le souhaites

Être toi-même

Agir pour atteindre tes objectifs

La confiance en soi

Les réponses correctes apparaissent en **noir** ci-dessous. Comme tu l'as deviné, la confiance en soi n'implique pas de défier l'autorité ou de rabaisser les autres. C'est l'affirmation et le respect de soi tout en écoutant et respectant les autres. C'est se placer au même niveau que les autres, ni en dessous, ni au dessus.

Parler plus fort que les autres afin de les faire taire

Prendre la parole pour donner ton opinion quand c'est ton tour

Ne faire que ce qui te plaît

Te vanter et rabaisser les autres afin de te sentir mieux

Te respecter et respecter les autres

Te moquer des autres

Tirer avantage de la faiblesse des autres

Fixer tes propres limites

Être impertinente ou braver l'autorité

Pratiquer les activités qui te plaisent quand tu le souhaites

Être toi-même

Agir pour atteindre tes objectifs

As-tu confiance en toi ?

Pourquoi ou pourquoi pas ? Comment cela se traduit-il au quotidien ? Pense à des exemples concrets où tu penses avoir fait preuve ou pas de confiance en toi.

Réfléchissons

Pense à une personne que tu connais et qui te semble avoir confiance en elle. Ce peut être une amie, un membre de ta famille, une célébrité.

Quels adjectifs te viennent à l'esprit ? Tu peux écrire d'autres adjectifs qui te semblent appropriés pour décrire cette personne sûre d'elle-même.

FORTE

COURAGEUSE

AUDACIEUSE

INTELLIGENTE

GÉNIALE

INCROYABLE

BELLE

SYMPA

IMPORTANTE

SPÉCIALE

DRÔLE

INDÉPENDANTE

Tes modèles

Il est important de reconnaître la confiance en soi chez les autres et il n'est pas interdit de s'en inspirer. Pense à des femmes, de ton entourage ou bien célèbres, que tu admires pour leur confiance en elles. Comment s'exprime cette confiance ? Pense à sa voix, son regard, son langage corporel par exemple.

1 ____

____

____

2 ____

____

____

3 ____

____

____

4 ____

____

____

5 ____

____

Décris-toi

Maintenant, à ton tour ! Entoure les adjectifs qui te décrivent le mieux. Ajoute d'autres qualificatifs que tu trouves appropriés.

FORTE	CRÉATIVE
COURAGEUSE	COOL
AUDACIEUSE	POPULAIRE
INTELLIGENTE	SPORTIVE
PASSIONNÉE	GÉNÉREUSE
TALENTUEUSE	DOUCE
BELLE	STYLÉE
SYMPA	AUTONOME
ORIGINALE	MOTIVÉE
DRÔLE	DYNAMIQUE

_________________________________ _________________________________

_________________________________ _________________________________

_________________________________ _________________________________

Et les autres ?

Reprends la même liste et entoure les cinq adjectifs auxquels tu aimerais que les gens pensent quand ils te voient. Est-ce le cas à ton avis ? Tu peux aussi demander à des personnes de confiance de te donner trois adjectifs qui te décrivent à leurs yeux. Utilise des couleurs différentes pour entourer les adjectifs dont tu aimerais te voir qualifiée et les réponses de personnes de confiance.

FORTE   CRÉATIVE

COURAGEUSE   COOL

AUDACIEUSE   POPULAIRE

INTELLIGENTE   SPORTIVE

PASSIONNÉE   GÉNÉREUSE

TALENTUEUSE   DOUCE

BELLE   STYLÉE

SYMPA   AUTONOME

ORIGINALE   MOTIVÉE

DRÔLE   DYNAMIQUE

Tes centres d'intérêt

Si tu devais écrire un livre ou réaliser un film, de quoi traiterait-il ?

____

____

Si tu pouvais rencontrer n'importe qui dans le monde, qui serait-ce ?

____

Quelle question lui poserais-tu ?

____

____

Quel(s) sujet(s) préfères-tu étudier ?

____

____

Si tu pouvais voyager dans le temps, à quelle époque irais-tu ?

____

Quel(s) pays souhaites-tu visiter ?

____

Quelles sont les trois nouvelles choses que tu aimerais essayer?

1 ____

2 ____

3 ____

Ce que tu aimes faire

Entoure tes activités préférées et ajoute celles que tu ne retrouves pas.

Faire du yoga

Jouer d'un instrument ou chanter

Réfléchir à de nouvelles choses

Faire du sport

Construire des choses

Danser

Diriger les autres, organiser

Étudier l'histoire

Faire des expériences scientifiques

Apprendre aux autres

Écrire des histoires ou des articles

Participer à un spectacle

Dessiner, peindre ou sculpter

Faire une randonnée ou être dans la nature

Aider les autres

Apprendre l'informatique

Débattre ou discuter

M'occuper d'animaux

Cuisiner

Étudier les planètes et l'espace

Trouver des solutions aux problèmes

Découvrir tes passions

Tu ne sais peut-être pas encore ce qui te passionne ? Lorsque l'on grandit, il est essentiel de découvrir ce qui nous motive. C'est à travers nos passions que nous pouvons exprimer notre créativité, développer nos talents et trouver un sens à notre vie.

Une passion est une activité, un sujet ou un domaine qui nous intéresse profondément. C'est quelque chose qui nous fait vibrer, qui nous donne de l'énergie et qui nous procure un sentiment de satisfaction et de bonheur. Les passions peuvent être variées : la musique, le sport, la lecture, l'art, la science, l'écriture, la cuisine, etc. Chacun a ses propres passions, et il est important de les découvrir et de les explorer.

- **Essaie de nouvelles activités** : Inscris-toi à des cours, participe à des ateliers, rejoins des clubs ou des associations. Cela te permettra de découvrir de nouveaux domaines et de rencontrer des personnes partageant les mêmes intérêts.
- **Fais une liste de ce qui t'intéresse** : Reprends la liste des activités ou matières qui te font vibrer. Note toutes les idées qui te viennent à l'esprit, même si elles semblent farfelues.
- **Explore tes talents** : Tu as déjà réfléchi à ce que tu fais bien, à ce pour quoi tu reçois des compliments. Tes talents peuvent être liés à tes passions, et les cultiver te permettra de t'épanouir davantage.

- **Sois curieuse** : Pose des questions, lis des livres, regarde des documentaires, explore Internet. Plus tu en apprendras sur différents sujets, plus tu auras de chances de découvrir ce qui te passionne.
- **Écoute ton cœur** : Lorsque tu fais quelque chose qui te passionne, tu ressens une joie profonde et une motivation sans faille. Sois à l'écoute de tes émotions et suis ton cœur pour découvrir tes véritables passions.

Cultiver ses talents et passions

Une fois que tu as identifié tes forces, il est temps de **les cultiver et de les développer**. Les talents sont comme des graines qui ont besoin d'être arrosées et nourries pour grandir. Pense à des moyens de mettre en pratique tes forces et de les améliorer. Par exemple, si tu es douée en dessin, tu pourrais prendre des cours d'art pour affiner tes compétences. Si tu es bonne en mathématiques, tu pourrais participer à des compétitions ou aider tes camarades de classe qui ont des difficultés.

Il est également important d'**explorer de nouvelles activités** et de sortir de ta zone de confort. Parfois, nous découvrons des talents cachés en essayant quelque chose de nouveau. Essaie de participer à des clubs ou à des ateliers qui t'intéressent. Tu pourriez être surprise de ce que tu es capable de faire. Pour reprendre l'exemple du dessin, pourquoi ne pas tenter un cours de sculpture ou d'écriture pour développer ta créativité ? Pour les mathématiques, une activité connexe peut être d'apprendre à jouer aux échecs ou à coder.

L'expérimentation te permettra de découvrir de nouvelles passions et de développer de nouvelles compétences, tout en renforçant celles que tu possèdes déjà.

Voici quelques conseils pour t'aider à cultiver tes passions
:

- **Consacre du temps à tes passions** : Réserve du temps dans ton agenda pour pratiquer tes activités préférées. Que ce soit une heure par jour ou quelques heures par semaine, l'important est de t'accorder du temps pour te consacrer à ce qui te passionne.
- **Fixe-toi des objectifs** : Définis des objectifs clairs et réalisables liés à tes passions. Cela te permettra de te motiver et de mesurer tes progrès. Par exemple, si tu es passionnée de musique, fixe-toi l'objectif d'apprendre à jouer d'un nouvel instrument, de jouer une partition difficile ou de composer une mélodie.
- **Entoure-toi de personnes partageant les mêmes intérêts** : Rejoins des communautés, des clubs ou des groupes de personnes partageant tes passions. Tu pourras ainsi rencontrer des personnes inspirantes, partager tes expériences et vous soutenir mutuellement dans votre développement.
- **Expérimente et explore** : Tente de nouvelles choses, explore de nouveaux domaines liés à tes passions. Cela te permettra de découvrir de nouvelles facettes de tes intérêts.
- **Sois persévérante** : Cultiver ses passions demande du temps, de l'effort et de la persévérance. Ne te décourage pas face aux obstacles ou aux difficultés. Continue à pratiquer, à apprendre et à t'améliorer.

En explorant tes passions et tes intérêts, tu découvriras une part de toi-même que tu ne soupçonnais peut-être pas.

Qu'aimes-tu chez toi ?

Il y a sans doute des traits de ta personnalité ou de ton physique que tu apprécies plus particulièrement. Réfléchis un moment et note ci-dessous tes principaux atouts :

1 ______________________________

____

2 ______________________________

____

3 ______________________________

____

4 ______________________________

____

5 ______________________________

____

6 ______________________________

____

7 ______________________________

____

En quoi excelles-tu ?

Il y a certainement des matières où tu brilles et des sujets que tu maîtrises mieux que d'autres. Réfléchis un moment et note ci-dessous tes principaux sujets de prédilection :

1

2

3

4

5

6

7

Tes affirmations

Pense à tout ce qui te rend unique et spéciale et complète ces affirmations de manière honnête et positive. Tu n'es pas obligée de répondre à toutes les questions en une fois.

J'aime ce que je suis parce que…

____

____

____

Je suis forte en…

____

____

____

Je me sens à l'aise quand…

____

____

____

Ce qui me fait rire est…

____

____

____

J'ai déjà réussi à…

____

____

____

Tes affirmations

L'endroit où je me sens heureuse est...

Je compte beaucoup pour...

On me complimente souvent pour...

Ce qui me donne de l'énergie est...

Ce que j'aime vraiment, c'est...

Je suis naturellement douée pour...

Ton tableau des qualités

Reprends toutes les affirmations positives, les qualités que tu as relevées dans les pages précédentes et choisis celles qui te plaisent le plus, dont tu es la plus fière. Reporte-les dans le tableau des qualités de la page suivante. Choisis de belles couleurs et colle-le de manière à le voir régulièrement. Tu peux aussi coller des photos de toi et des personnes que tu aimes, des endroits ou des activités que tu apprécies le plus. Sens-toi libre, c'est ton tableau !

Qui je suis

Tes droits

Complète cette liste si nécessaire. Lis ce manifeste à haute voix au moins une fois par semaine et à chaque fois que tu te sens pleine de doute ou de peur.

- J'ai le droit au respect.
- J'ai le droit de fixer des limites.
- J'ai le droit de ne pas être toujours d'accord.
- Je n'ai pas à toujours faire plaisir aux autres.
- Je parlerai si quelqu'un me fait me sentir mal à l'aise.
- Personne ne peut me forcer à faire quelque chose qui heurte mes valeurs.
- Personne ne peut m'empêcher de faire une chose à laquelle je tiens vraiment.
- Je suis suffisamment forte pour assumer les conséquences de mes choix et de mes actes.
- Je chercherai de l'aide auprès d'un adulte de confiance si j'en ai besoin.

Tes droits

J'ai le droit de…

me sentir triste

ME TROMPER

ne pas être d'accord

DONNER MON AVIS

exprimer mes sentiments !

NE PAS DÉJÀ TOUT SAVOIR

ne pas aimer certaines choses

demander de l'aide

changer d'avis

demander pourquoi

ne pas être comme les autres

"Sois toi-même. Tous les
autres sont déjà pris."

"Je suis convaincu que la moitié
qui sépare les entrepreneurs qui
réussissent de ceux qui échouent
est purement la persévérance."

Avoir confiance en toi signifie agir. L'action peut être d'aller parler à ce groupe de filles qui ont l'air sympathiques ou de t'inscrire à cette activité de chant dont tu rêves. Ce peut être de tenter de rejoindre l'équipe de foot de l'école même s'il n'y a aucune autre fille ou bien de participer à cette compétition de calcul mental avec des cracks en maths.

C'est le manque de confiance en toi qui te pousse à attendre que toutes les conditions soient réunies, à ne pas prendre le risque d'échouer, d'être rejetée ou de paraître ridicule. Pourtant, es-tu sûre que c'est ce qui arriverait ? Et si cela arrivait malgré tout, serait-ce si grave ?

Nous avons déjà vu qui tu étais. Nous allons maintenant voir ce que tu veux. Pense à tout ce que tu aimerais faire. Ce peut être une chose que tu peux réaliser dès demain comme lever la main en classe, d'ici quelques mois comme de participer à un spectacle ou bien d'ici quelques années comme devenir championne de karaté.

Tes objectifs

Réfléchis à ce que tu aimerais réaliser. Ce peut être à court terme, comme te faire un(e) nouvel(le) ami(e), à moyen terme, comme t'améliorer en sciences avant la fin du trimestre ou bien à long terme, comme devenir astronaute.

Mes objectifs futurs sont…

____

____

____

____

____

Je sais que je peux les réaliser parce que je…

____

____

____

____

____

____

____

Tes défis

Pense à quelque chose que tu rêves de faire mais que tu n'as jamais osé tenter. Imagine et écris le pire qui peut arriver si tu échoues :

____

____

____

____

____

____

Maintenant, fais la même chose en imaginant que tu réussis. Décris ta réaction, tes émotions, imagine celle des gens qui t'aiment. Cela t'aidera à te motiver :

____

____

____

____

____

____

Note ci-dessous de petits défis quotidiens. Ne place pas la barre trop haut. Vise des choses que tu sais pouvoir faire mais que tu hésites souvent à faire (dire bonjour? sourire? lever la main en classe? parler aux autres?) Colorie la case quand tu as relevé ton défi avec succès. Tu peux le faire !

Mes défis

Se fixer des objectifs à long terme

Fixer des objectifs à long terme est une étape importante pour grandir en confiance et réaliser ses rêves. Lorsque tu as des objectifs clairs, cela te donne une direction à suivre et te motive à travailler dur pour les atteindre.

Définir tes objectifs

La première étape pour se fixer des objectifs à long terme est de les définir clairement. Prends le temps de réfléchir à ce que tu veux accomplir dans ta vie. Quels sont tes rêves et tes aspirations ? Qu'est-ce qui te passionne ? Quels sont les domaines dans lesquels tu souhaites t'améliorer ?

Une fois que tu as identifié tes objectifs, écris-les. Mets-les par écrit de manière précise et détaillée. Par exemple, au lieu d'écrire "Je veux être riche", tu pourrais écrire "Je veux devenir entrepreneur et créer une entreprise prospère dans le domaine de la technologie".

Planifier tes actions

Une fois que tu as défini tes objectifs, il est important de planifier les actions nécessaires pour les atteindre. Divise tes objectifs à long terme en objectifs à court terme et crée un plan d'action pour chaque étape.

Par exemple, si ton objectif à long terme est de devenir médecin, tes objectifs à court terme pourraient être de réussir tes examens scolaires, de suivre des cours renforcés de sciences et de faire du bénévolat dans un hôpital.

Planifie les actions que tu dois entreprendre pour chaque objectif à court terme et fixe-toi des échéances réalistes.

Rester motivée
Fixer des objectifs à long terme peut parfois sembler décourageant, surtout lorsque les résultats ne sont pas immédiats. Il est important de rester motivée et de garder ton objectif final à l'esprit.

Trouve des sources d'inspiration qui te rappellent pourquoi tu t'es fixé ces objectifs. Lis des biographies de personnes qui ont réussi dans le domaine qui t'intéresse. Entoure-toi de personnes positives et encourageantes qui croient en toi et en tes capacités.

Surmonter les obstacles
Sur le chemin de la réalisation de tes objectifs à long terme, tu rencontreras probablement des obstacles et des défis. Il est important de ne pas abandonner et de trouver des moyens de les surmonter. Identifie les obstacles potentiels qui pourraient se présenter et réfléchis à des solutions pour les surmonter.

Réévaluer et ajuster
Il est important de réévaluer régulièrement tes objectifs à long terme et de les ajuster si nécessaire. La vie est en constante évolution et il est normal que tes objectifs changent avec le temps.

Objectif numéro __

Mon objectif: ________________________________
____

Je veux atteindre cet objectif car: __________
____

Date à laquelle je veux l'atteindre: __________

Étape 1

Étape 2

Étape 3

Étape 4

Obstacles   Réponses

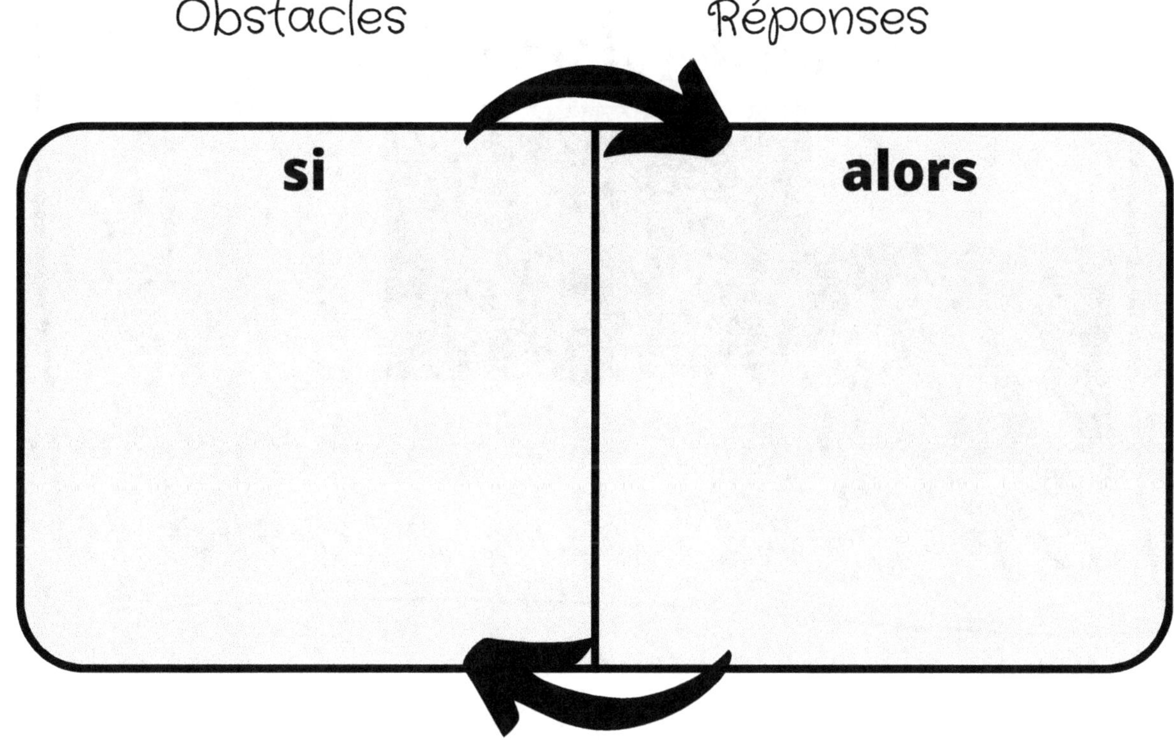

Ton tableau des rêves

Visualiser t'aide à te projeter et à rendre plus concrets tes objectifs. Si ta motivation fléchit, jette un coup d'oeil à ton tableau. Colle des photos inspirantes de ce que tu souhaites atteindre sur la page suivante ou crée ton propre format. Tu peux taper "tableau de rêves" ou "tableau de visualisation" dans Google ou Pinterest pour trouver plus d'exemples.

Ce que je veux

Agis

L'action est une habitude à prendre. Le plus dur est toujours de commencer. Voici quelques pistes pour t'aider à agir. Réfléchis par exemple à ce que tu pourrais changer autour de toi.

Les choses qui peuvent être améliorées dans ma classe, mon école, ma rue, mon quartier sont :

☆ ____

____

☆ ____

____

☆ ____

____

☆ ____

Je veux changer les choses car :

____

____

____

____

____

____

____

Ton plan pour changer les choses autour de toi

1 Décris un problème auquel tu es confrontée :

____

____

____

2 Différentes manières de résoudre ce problème :

☆ ____

____

____

☆ ____

____

☆ ____

____

☆ ____

____

☆ ____

____

____

3 Réfléchis à ce qui pourrait se passer pour chacune des solutions listées ci-dessus.

4 Entoure la solution choisie. Utilise la page suivante pour décomposer les actions à prendre et à toi de jouer !

Ton plan pour changer les choses autour de toi

4 La solution que j'ai choisie :

____

____

____

Les différentes étapes pour agir :

____

____

☆ ____

____

☆ ____

____

☆ ____

____

☆ ____

____

☆ ____

____

____

N'oublie pas que tu peux toujours demander de l'aide à tes ami(e)s ou à un adulte de confiance pour se joindre à ton action car l'union fait la force. Cela veut dire qu'à plusieurs personnes, on peut souvent plus que toute seule.

Implique-toi

Un autre moyen d'agir est de trouver une **cause qui te motive** et pour laquelle tu pourrais oeuvrer. Réfléchis à ce que tu aimerais changer en profondeur dans la société. Ce peut être lié à l'environnement, à l'éducation, à la pauvreté, à la cause animale, à l'égalité entre hommes et femmes par exemple.

Il y a sûrement des associations autour de toi qui ont besoin d'aide. Peut-être même peux-tu proposer à ta classe d'organiser une action pour diffuser des informations utiles à ce sujet ou collecter des fonds.

Les causes qui me motivent sont :

☆ ____

____

☆ ____

____

☆ ____

____

☆ ____

____

Ton plan pour soutenir la cause que tu as choisie

Tu ne vas pas pouvoir sauver le monde à toi toute seule. En revanche, une seule personne de bonne volonté peut réaliser de grandes choses. Pour cela, tu peux procéder par petits pas.

Imaginons que tu sois à la plage et que tu remarques des saletés sur le sable ou dans la mer. Quelle va être ta réaction ? Les laisser où elles sont en attendant que quelqu'un d'autre les ramasse parce que ce n'est pas à toi de le faire ? Ou prendre le taureau par les cornes, les ramasser et les jeter dans la poubelle appropriée ?

Si tu choisis la deuxième solution, tu vas non seulement nettoyer la plage mais tu vas aussi éviter que des gens se blessent sur des déchets potentiellement dangereux (comme du verre par exemple) et que des animaux marins s'en nourrissent.

Avec un peu de chance, tu serviras d'exemple aux autres qui pourront venir t'aider ou au moins, qui éviteront de jeter des déchets à l'avenir.

Si tu veux servir une cause particulière, réfléchis à toutes les petites actions que tu peux avoir à ton niveau. Puis réfléchis à comment faire des émules (= personnes cherchant à égaler ou surpasser tes actions bénéfiques).

La page suivante est là pour t'y aider.

Ton plan pour soutenir la cause que tu as choisie

La cause que j'ai choisie :

____

____

____

____

____

Mes différentes idées pour agir :

☆ ____

____

____

☆ ____

____

____

☆ ____

____

____

☆ ____

____

____

☆ ____

____

____

☆ ____

____

____

Ton plan pour soutenir la cause que tu as choisie

Les petites actions que je peux mener à bien facilement :

____

____

____

____

____

Comment je peux convaincre d'autres personnes de m'aider ou de faire comme moi :

____

____

____

____

____

____

____

____

____

____

____

____

____

____

Ton plan pour soutenir la cause que tu as choisie

Note tes bonnes actions quotidiennes et pense au bien que tu répands autour de toi.

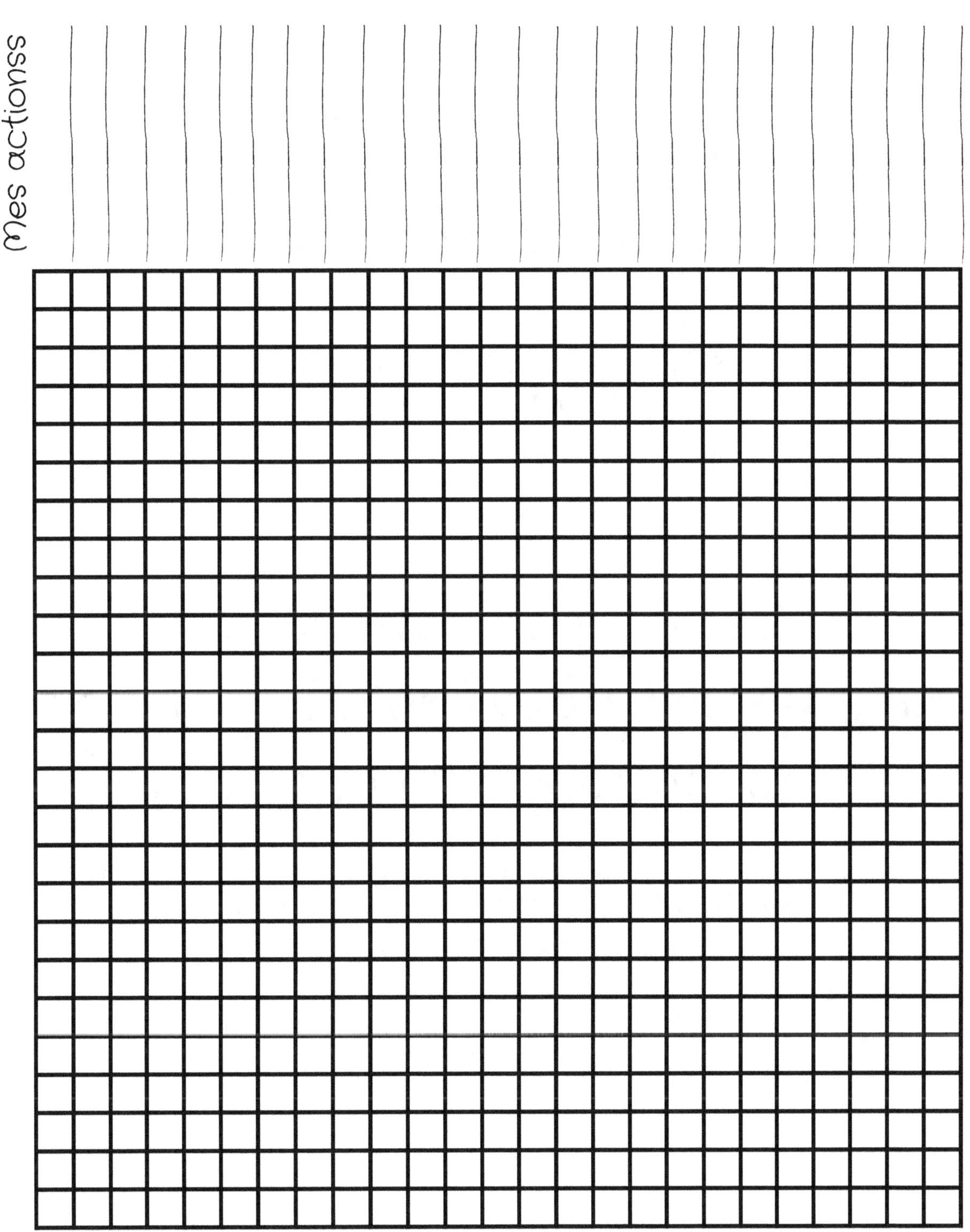

"Personne ne peut vous faire sentir inférieur sans votre consentement."

ELEANOR ROOSEVELT (PREMIERE DAME AMERICAINE)

"Je n'ai pas échoué. J'ai simplement trouvé 10 000 solutions qui ne fonctionnent pas."

THOMAS EDISON (INVENTEUR)

Faire grandir ta confiance en toi requiert d'ôter les lunettes négatives avec lesquelles tu te regardes parfois. Tu peux être ta pire ennemie sans le vouloir, en doutant plus que nécessaire ou en te critiquant trop durement.

Pense bien à toutes les choses géniales que tu as déjà accomplies. Rappelle-toi tous les moments heureux déjà vécus, toutes les personnes qui tiennent à toi, tous les gens que tu aimes et admires.

Tu as réfléchi à qui tu es, à ce que tu souhaites. Il est temps de passer du temps sur tes motifs de fierté, autrement dit tes réussites, petites et grandes.

Tes motifs de fierté

Liste les moments où tu t'es sentie fière de toi. Cela peut être un contrôle difficile réussi, un concours où tu t'es bien classée, une course remportée, une chorégraphie compliquée maîtrisée, un compliment reçu, une blague qui a fait rire tes ami(e)s.

1

2

3

4

5

Oui, il y a plusieurs pages parce que tu es géniale et que tes accomplissements ne vont pas s'arrêter là. Prends un petit carnet pour continuer à noter tout ce qui te rends fière. Alimente-le et relis-le régulièrement.

6 ____________________________

____

____

____

7 ____________________________

____

____

8 ____________________________

____

____

____

9 ____________________________

____

____

____

10 ____________________________

____

____

Colle des photos de moments ou motifs de fierté

Les positions de pouvoir

Superwoman

Mets toi debout et pense à un moment de ta vie où tu t'es sentie fière de toi. Maintenant, les pieds écartés, mets les mains sur tes hanches, soulève le menton, épaules en arrière et poitrine bombée. Tiens-toi bien droite comme si un fil te tirait vers le haut. Tiens la position deux minutes.

L'aigle

Debout, pieds légèrement écartés, le dos bien droit, soulève le menton, épaules en arrière et poitrine bombée, écarte les bras comme si tu voulais pousser les murs. Tiens la position deux minutes.

Ce que tu viens de pratiquer correspond aux **positions de pouvoir**. Les pratiquer avant un événement qui te préoccupe te permet d'avoir une dose supplémentaire de confiance en toi.

Célèbre tes victoires !

Il n'y a pas de petites victoires. Tu es heureuse et fière d'avoir eu une bonne note ou d'avoir fait sourire quelqu'un ? Savoure le moment et invente un **geste de célébration**. Ce peut être une petite danse ou juste lever les bras. Décris ton geste, prends une photo ou dessine-le. Cela va ancrer encore plus profondément en toi cette victoire.

Liste les moments et lieux où tu te sens le plus calme et heureuse

Quelles sont tes pensées lors de ces moments ?

Sourire

Colle ci-dessous une photo de toi lors d'un moment particulièrement heureux. Remémore-toi le lieu, l'ambiance du moment, les bruits, les odeurs et tes sensations. As-tu le sourire à l'évocation de ce souvenir ?

Exprime ta reconnaissance

Savoir apprécier ce que tu as déjà est essentiel pour être épanouie. Dire merci à la vie, aux personnes que tu aimes te permettra d'être plus heureuse et confiante.

Le soir, lorsque tu es au calme dans ta chambre, pense à ta journée. As-tu appris quelque chose d'intéressant ? As-tu ris avec tes ami(e)s ? As-tu vu ou entendu quelque chose qui t'a plu ou émue ? Quelqu'un t'a t-il aidée, complimentée ou simplement montré qu'il t'appréciait ? As-tu tenté quelque chose de nouveau ?

Tu peux tenir un petit carnet de toutes les choses pour lesquelles tu es reconnaissante au quotidien. Si tu tiens un journal, tu peux aussi les noter tous les jours.

En te concentrant sur les aspects positifs de ta vie, tu renforces ton estime de toi et ton bien-être général.

Tu es reconnaissante

Pour ____

____

Pour ____

____

Pour ____

____

Pour ____

____

Pour ____

____

Pour ____

____

____

____

____

____

____

"La vie n'est facile pour aucun de nous. Mais quoi, il faut avoir de la persévérance, et surtout de la confiance en soi. Il faut croire que l'on est doué pour quelque chose, et que, cette chose, il faut l'atteindre coûte que coûte."

MARIE CURIE (PHYSICIENNE, PRIX NOBEL DE CHIMIE)

Il existe différents types de risques. Les risques qui valent la peine d'être pris, et les autres. Les seuls qui méritent d'être pris sont ceux qui t'apportent quelque chose.

Tu peux avoir plus ou moins peur de trois types de risques:
- celui de te blesser physiquement,
- celui de te montrer telle que tu es vraiment,
- celui de ne pas être à la hauteur.

Tout le monde a peur de quelque chose et c'est tout à fait naturel. Il faut néanmoins dépasser tes peurs afin d'agir. Identifier les risques qui te bloquent, visualiser ce qui arriverait peut-être si tu prenais ces risques, les découper en plus petits risques, t'encourager toi-même, sont autant de manières de surmonter tes peurs et de de prendre des risques utiles. Tu peux le faire !

Les risques

Il y a les risques utiles, qui t'apportent quelque chose de positif quand tu les prends, et les risques inutiles qui peuvent t'attirer des ennuis. Sais-tu reconnaître les "bons" risques ?

Adresser la parole à un(e) inconnu(e) dans la rue

Donner des informations personnelles en ligne

Faire un solo au spectacle de fin d'année de l'école

Commander un nouveau plat au restaurant

Ne pas réviser pour un contrôle important afin de jouer plus longtemps

Sortir avec un nouveau groupe d'ami(e)s après l'école

Essayer une coloration temporaire pour cheveux

Partir seule en promenade sans prévenir personne

Rentrer tard à la maison sans le dire à tes parents

T'inscrire à un club de débats

Tricher à un contrôle

Tenter le parcours le plus difficile en sport

Dire à des ami(e)s que tu n'es pas d'accord avec eux / elles

Adresser la parole à une nouvelle personne dans ton école

Les risques

Avoir confiance en soi ne signifie pas prendre n'importe quels risques. Cela veut dire prendre des risques intelligents (en noir). Cela peut te faire peur, mais tu sais au fond de toi que ces risques peuvent apporter de l'aventure et de la joie dans ta vie.

Adresser la parole à un(e) inconnu(e) dans la rue

Donner des informations personnelles en ligne

Faire un solo au spectacle de fin d'année de l'école

Commander un nouveau plat au restaurant

Ne pas réviser pour un contrôle important afin de jouer plus longtemps

Sortir avec un nouveau groupe d'ami(e)s après l'école

Essayer une coloration temporaire pour cheveux

T'inscrire à un club de débats

Rentrer tard à la maison sans le dire à tes parents

Partir seule en promenade sans prévenir personne

Tricher à un contrôle

Tenter le parcours le plus difficile en sport

Dire à des ami(e)s que tu n'es pas d'accord avec eux / elles

Adresser la parole à une nouvelle personne dans ton école

Fais une liste de risques intelligents que tu voudrais prendre. Entoure ensuite celui que tu voudrais le plus prendre :

Quelles sont les trois choses dont tu as peur qui pourraient arriver si tu prenais ce risque ?

1

2

3

Comment pourrais-tu réduire les possibilités d'échec ?

En t'entraînant ? En convainquant un(e) ami(e) de prendre ce risque avec toi ? En demandant conseil autour de toi ? En découpant le risque que tu aimerais prendre en de plus petits risques ?

Comment pourrais-tu découper le risque que tu aimerais prendre en de plus petits risques ?

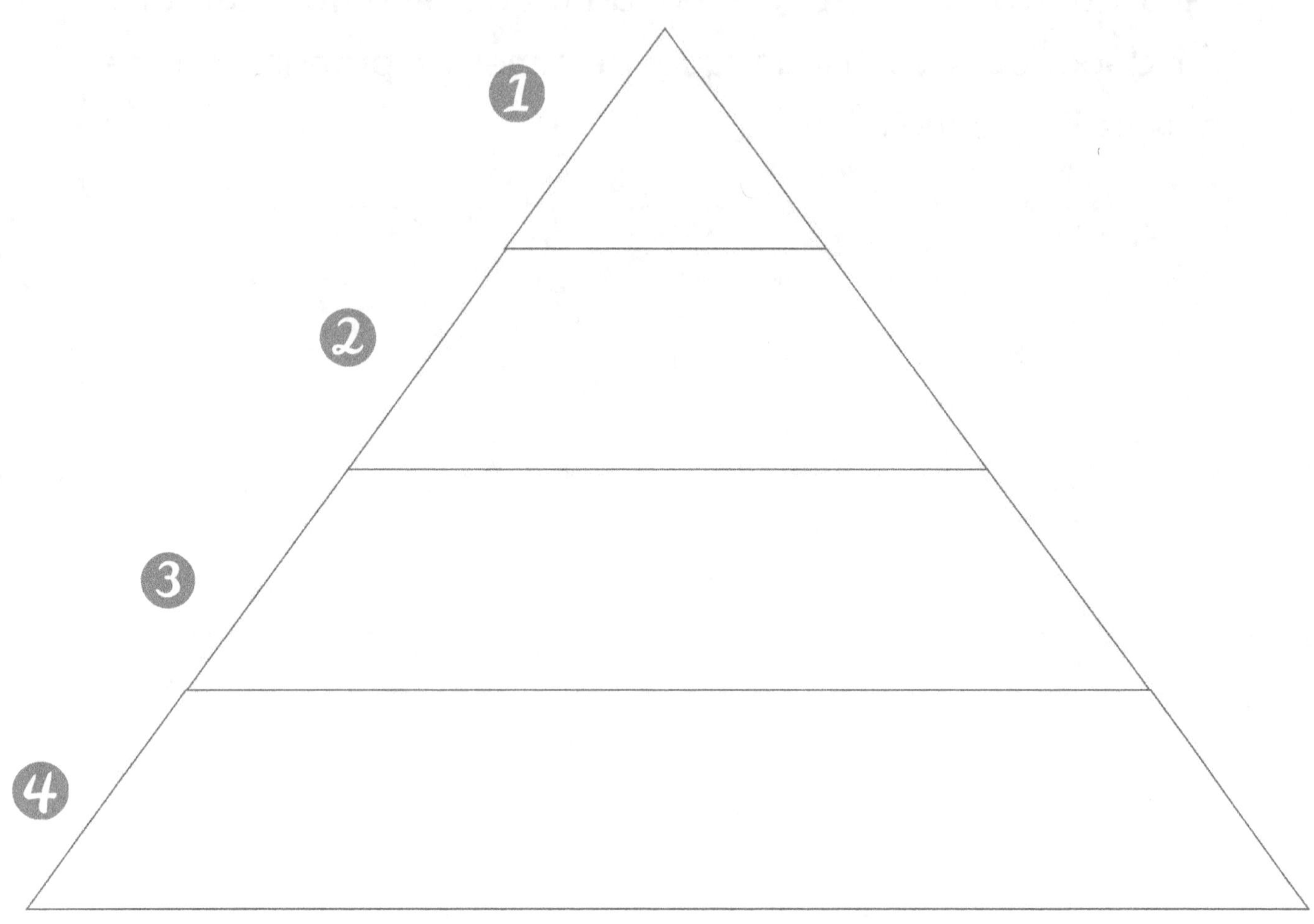

Maintenant que tu as divisé le risque que tu souhaites prendre en plusieurs risques moindres, mets en oeuvre l'étape **1** de ton plan.

Imagine ce qu'un minuscule entraineur assis sur ton épaule pourrait te dire pour t'encourager à prendre ce risque :

Imagine maintenant ce que te dirait la personne avec le plus de confiance en elle-même que tu connais :

Ton plan pour prendre un risque utile

Colorie une case ci-dessous à chaque fois que tu prends un petit risque utile. Avec l'habitude, la peur diminue.

Revenons à ta première étape. Comment cela s'est-il passé ? Y a t-il des choses que tu pourrais améliorer ? Poursuis ton plan et évalue chaque étape.

1

2

3

4

Demande à des personnes bienveillantes de ton entourage, tes parents, un professeur, un(e) ami(e), de te donner leur recette quand ils doutent d'eux-mêmes :

Que se disent-ils ? Qu'imaginent-ils ? Note leurs réponses ci-dessous :

Imagine maintenant ce qui arriverait si tu ne tentais jamais rien de risqué, si tu faisais uniquement des choses que tu maîtrises déjà :

Que manquerais-tu à ton avis ? Passerais-tu à côté des personnes ou d'activités intéressantes ? Trouverais-tu cela amusant ?

Faire face au jugement des autres

Le jugement des autres peut être une source de stress et d'anxiété pour de nombreux enfants et adolescents. Il est naturel de vouloir être acceptée et appréciée par les autres, mais il est essentiel de te rappeler que le jugement des autres ne définit pas ta valeur personnelle.

Comprendre l'origine du jugement des autres

Le jugement des autres peut provenir de différentes sources, telles que la pression sociale, les normes culturelles ou les attentes familiales. Le jugement des autres est souvent le reflet de leurs propres peurs, insécurités et préjugés. En comprenant cela, tu peux commencer à prendre du recul par rapport aux opinions des autres et à ne pas les laisser t'affecter de manière négative.

Apprendre à se détacher du regard des autres

Lorsque tu es préoccupée par le jugement des autres, tu as tendance à te conformer à leurs attentes et à modifier ton comportement pour être acceptée. Cependant, cela peut être épuisant et t'empêcher d'être fidèle à toi-même. Apprendre à te détacher du regard des autres signifie être authentique et rester fidèle à tes valeurs et à tes convictions, même si cela signifie être différente des autres. Cela peut être difficile, mais en se rappelant que ta valeur personnelle ne dépend pas de l'approbation des autres, tu peux trouver la force de rester fidèle à toi-même.

"Une persone qui ne s'est jamais trompée est une personne qui n'a jamais rien essayé de nouveau."

ALBERT EINSTEIN (SCIENTIFIQUE)

"N'ayez pas peur de faire une erreur. Mais faites en sorte de ne pas faire la même erreur deux fois."

AKIO MORITA (INDUSTRIEL)

les ennemis

Il existe plusieurs ennemis de ta confiance en toi:
- le perfectionnisme,
- les idées préconçues sur les filles,
- les fausses amitiés,
- le harcèlement,
- tes pensées négatives,
- tes peurs.

Certains ennemis te sont extérieurs, comme les fausses amitiés ou le harcèlement. D'autres sont mixtes, comme le perfectionnisme qui peut être le tien ou celui de tes parents ou encore les idées préconçues sur les filles, qui sont d'abord externes mais que tu as pu intégrer inconsciemment.

Tes pensées négatives et tes peurs te sont propres. Ce sont des ennemis internes. Elles naissent de ce que tu as vécu, vu, entendu. Elles peuvent prospérer sur de petits échecs, des remarques ou expériences négatives que tu as peut-être généralisées. Le factuel "j'ai raté une pirouette" devient "je suis nulle en gymnastique" et se transforme en peur de faire du sport.

Les peurs

Les peurs sont des émotions naturelles que nous ressentons tous à un moment donné de notre vie. Elles peuvent être déclenchées par différentes situations ou événements, et peuvent varier d'une personne à l'autre. Comprendre l'origine de tes peurs est une étape importante pour les surmonter et développer ta confiance en soi.

Les peurs instinctives

Certaines peurs sont innées et font partie de notre instinct de survie. Par exemple, la peur du danger, comme la peur des animaux sauvages ou la peur de tomber d'une grande hauteur. Ces peurs sont souvent présentes dès notre plus jeune âge et sont importantes pour nous protéger.

Les peurs apprises

D'autres peurs sont acquises au fil du temps, souvent à travers des expériences personnelles ou des influences extérieures. Par exemple, la peur des araignées peut être apprise si nous avons été témoins d'une réaction de peur chez quelqu'un d'autre. De même, la peur de l'échec peut être influencée par des expériences passées où nous avons connu des difficultés ou des déceptions.

Les peurs irrationnelles

Certaines peurs peuvent être irrationnelles, c'est-à-dire sans fondement réel comme la peur des clowns ou des espaces clos. Ces peurs peuvent sembler déconcertantes, mais il est essentiel de se rappeler qu'elles sont subjectives et propres à chaque individu.

L'influence de l'environnement

Notre environnement peut également jouer un rôle dans le développement de nos peurs. Si nous avons grandi dans un environnement où la peur était constamment présente, cela peut avoir un impact sur notre propre perception de la peur. De même, si nous avons été exposés à des histoires effrayantes, cela peut renforcer nos peurs.

Les croyances limitantes

Nos croyances limitantes peuvent également contribuer à nos peurs. Par exemple, si nous croyons que nous ne sommes pas assez bons ou que nous ne méritons pas le succès, cela peut créer une peur de l'échec ou une peur du jugement des autres. Il est essentiel de remplacer ces croyances par des pensées positives et encourageantes.

L'importance de l'introspection

Pour comprendre l'origine de nos peurs, il est essentiel de pratiquer l'introspection. Prends le temps de réfléchir sur tes peurs et essaie de comprendre d'où elles viennent. Pose-toi des questions telles que :

- Quand est-ce que j'ai commencé à ressentir cette peur ?
- Est-ce qu'il y a eu un événement spécifique qui l'a déclenchée ?
- Est-ce que cette peur est basée sur des faits réels ou sur des suppositions ?

Tes peurs

Liste les choses qui te font le plus peur de tenter et
précise depuis quand et pourquoi. Est-ce que tu as peur
de te blesser, que l'on se moque de toi, d'avoir un mauvais
résultat qui te fera te sentir mal, d'être jugée différente ?
Ces peur sont-elles basées sur des faits réels ?

1 ____

____

____

2 ____

____

____

3 ____

____

____

4 ____

____

____

5 ____

____

____

____

Tes peurs

Voici une liste de choses qui peuvent sembler effrayantes. Entoure les trois qui t'impressionnent le plus ci-dessous. Tu peux en ajouter d'autres.

Adresser la parole à un(e) inconnu(e)

Répondre à une question en classe

Pratiquer un nouveau sport

Faire un exposé

Joindre un groupe où tu ne connais personne

Essayer une nouvelle coiffure

Te présenter aux élections de délégués de classe

Chanter dans une chorale

Participer à une course

Participer à un spectacle

Inviter quelqu'un avec qui tu n'es pas vraiment ami à venir chez toi

Lire un texte que tu as écrit en classe

Porter de nouveaux vêtements

Poster une photo de toi en ligne sans filtre

Aller à une fête où tu connais peu de monde

Tes peurs 

Regarde les peurs que tu as entourées. Vois-tu des points communs entre elles ? Pourquoi penses-tu que ces choses t'effraient le plus ? Est-ce la crainte d'être rejetée si tu dévoiles ta vraie personnalité ? De mal faire ? De paraître ridicule ? De te blesser ? Ces peur sont-elles basées sur des faits réels ?

L'importance de la communication

La communication est également un outil précieux pour comprendre l'origine de ses peurs. Parle de tes peurs avec des personnes de confiance, comme tes parents, tes ami(e)s ou un professionnel de la santé mentale si cette peur est handicapante. Ils peuvent t'aider à prendre du recul et à analyser tes peurs de manière objective.

La peur comme opportunité de croissance

Il est important de te rappeler que la peur n'est pas nécessairement une mauvaise chose. En fait, elle peut être une opportunité de croissance et de développement personnel. En affrontant nos peurs, nous apprenons à nous dépasser, à acquérir de nouvelles compétences et à renforcer notre confiance en nous-mêmes.

En comprenant l'origine de nos peurs, nous pouvons commencer à les surmonter et à développer notre confiance en nous-mêmes. Il est essentiel de te rappeler que chacun a ses propres peurs et que tu n'es pas seule dans ce processus. Avec du temps, de la patience et de la persévérance, tu peux apprendre à vivre sans être limitée par tes peurs.

Pense à un de tes pires moments

As-tu déjà connu un échec important ? Un de ces moments que tu veux juste chasser de ton esprit ? Savoir faire face à un échec te permet de grandir et lui donne moins de pouvoir sur toi. Que s'est-il passé ? Qu'as-tu ressenti ?

Si la même chose était arrivée à un(e) ami(e)

Que lui dirais-tu pour le ou la consoler ?

Comment réagis-tu en cas d'échec ?

Entoure les trois méthodes que tu pratiques le plus ou notes-en d'autres.

Te rouler en boule sous ta couette

Courir longtemps

Pleurer sur ton oreiller

Regarder une comédie pour te remonter le moral

En parler à un(e) ami(e)

Écrire dans ton journal secret

Manger de la nourriture réconfortante

Rejouer la scène 100 fois dans ta tête en imaginant comment tu aurais pu changer le cours des choses

Analyser ce qui s'est passé

En parler à un adulte de confiance

Ne plus y penser du tout et passer à autre chose

Écouter de la musique très fort

Essayer d'en rire

Te dire que tout le monde fait des erreurs

Répéter, t'entrainer, réviser pour la prochaine fois

Te dire que cela aurait pu être pire

Quelques idées pour surmonter un échec

Relativise, dédramatise. Rappelle-toi d'autres situations similaires, vécues par toi-même ou quelqu'un de ton entourage. Ce n'est pas si grave. Non, tout le monde ne parle pas que de cela.

Sois bienveillante envers toi-même. Tout le monde se trompe, fait des erreurs, échoue. Ne te flagelle pas. La vie continue. Cela ira mieux demain.

Change toi les idées. Rien ne sert de ressasser une erreur. Regarde un film, écoute de la musique, sors avec un(e) ami(e), fais du sport.

Parles-en. Un échec est toujours douloureux. Parles-en avec des personnes bienveillantes, des ami(e)s, tes parents, ton professeur préféré, ton entraîneur.

Console-toi toi-même. Utilise l'exercice précédent et dis-toi les mots que tu emploierais pour consoler un(e) ami(e) dans la même situation.

Analyse. Que s'est-il passé ? Pourquoi as-tu échoué ? Aurais-tu pu mieux faire ? Comment ne pas refaire la même erreur ? Se tromper fait partie du chemin mais il faut éviter de faire deux fois la même erreur.

Quelques idées de plus

Prends tes responsabilités. Inutile de (se) mentir. Il y a eu une ou des erreurs de faites. Il faut les assumer, demander pardon si nécessaire, étudier comment réparer si possible.

Établis un nouveau plan. Ne reste pas sur un échec. Prépare ton prochain succès ! Tu n'as pas été élue déléguée ? Prends le temps d'établir ton futur programme, plus adapté aux besoins de tes camarades. Trouve des allié(e)s. Et pense à féliciter la gagnante !

CE QUE JE CONTRÔLE

Mes objectifs

Mon comportement

Qui sont mes ami(e)s

Mes efforts

Comment je prends soin de moi

Le respect et l'amour que je me porte

Demander de l'aide

Apprendre de mes erreurs

CE QUE JE NE CONTRÔLE PAS

Ce que pensent ou disent les autres

Ce que j'ai à faire (devoirs, corvées)

La maladie

Les erreurs du passé

Le temps

Mes sentiments

Ce que font les autres

Pense aux phrases d'encouragement que tu pourrais te dire en cas d'échec ou de déception

"On peut toujours plus que l'on
ne croit pouvoir."

JOSEPH KESSEL (ÉCRIVAIN)

"Le faux courage attend les
grandes occasions... Le courage
véritable consiste chaque jour à
vaincre les petits ennemis."

PAUL NIZAN (ÉCRIVAIN)

Les bonnes surprises

Remémore-toi trois événements négatifs qui te sont arrivés ou dont tu as été témoin. As-tu observé des réactions moins négatives que ce que tu attendais ? Les gens sont-ils plus rapidement passés à autre chose que tu ne le pensais ? Était-ce aussi grave que ce que tu te disais ?

1 ____

____

____

____

____

2 ____

____

____

____

3 ____

____

____

____

Les bonnes surprises

Pense à trois choses que tu as faites alors que tu n'en avais pas envie et qui t'ont finalement plu. Ou rappelle-toi trois situations qui t'inquiétaient mais qui se sont finalement mieux déroulées que prévu. Ce peut être une fête où tu ne voulais pas aller, une compétition que tu pensais perdre, une robe que tu hésitais à porter et qui t'a valu un compliment.

1

2

3

Les pensées négatives

Comme tu viens de le voir, une grande partie de tes peurs vient du fait que tu anticipes un échec ou un rejet alors qu'il n'y a aucune raison pour que cela arrive. Réfléchis à la citation suivante de René Barjavel, écrivain: **"vivre les malheurs à l'avance, c'est les subir deux fois"**. Qu'en penses-tu ?

Combattre les pensées négatives

Les pensées négatives peuvent être envahissantes et t'empêcher d'agir en t'enfermant dans une image de toi-même qui n'est pas réelle.

À force de se répéter dans ta tête, tu as l'impression que ces pensées disent la vérité mais ce n'est pas le cas. Parfois, on ne se rend même pas compte que l'on entend ces pensées négatives.

Elles peuvent devenir de mauvaises habitudes si l'on n'y prend pas garde et nous empêcher de nous réaliser pleinement.

Qu'est-ce qu'une pensée négative ? C'est par exemple te dire que tu n'arriveras jamais à faire quelque chose parce que tu as échoué une fois (la généralisation négative). C'est te trouver nulle parce que tu ne comprends pas un exercice (le catastrophisme). C'est croire que tu peux lire dans les pensées des gens et te dire que telle personne te déteste. C'est croire que tu peux prédire l'avenir en te disant que tu vas rater ton contrôle alors que tu as révisé et as bien compris tes leçons.

Combattre la pensée négative

La première chose à faire pour combattre une pensée négative est de la reconnaître.

T'arrive-t-il souvent de te dire ou de penser ?
- "Je ne peux pas."
- "Je devrais..." ou "tu devrais..."
- "C'est de ma faute." ou "c'est de sa faute."
- "Ce n'est pas juste."

Les autres pensées dont il faut se défaire sont:
- Le catastrophisme,
- L'exagération négative,
- Croire que tu lis dans les esprits ou que tu peux deviner le futur,
- Le tout ou rien.

Quand tu remarques une pensée négative, tu as déjà parcouru une grande partie du chemin. Maintenant, il s'agit de la bloquer.

Pour cela fais une pause, reprends la liste de tes réussites, pense à tes endroits et moments préférés, regarde la photo qui te fait sourire (chapitre précédent), fais une activité qui te fait te sentir bien.

Contrer les pensées négatives

Quand tu es calme et sereine, note les pensées négatives qui te viennent parfois :

____

____

____

____

____

____

Pour chaque pensée négative, reformule de manière plus positive et réaliste. Dois-tu vraiment généraliser un événement qui est arrivé une seule fois ? Dois-tu vraiment être aussi dure avec toi-même ? Lis-tu vraiment dans les pensées des autres ? Prédis-tu réellement l'avenir ?

____

____

____

____

____

Accepter ses imperfections

Nous avons tous des défauts et des faiblesses, et c'est normal. Personne n'est parfait, et c'est ce qui rend chaque individu unique et spécial. Apprendre à accepter ses imperfections, c'est se donner la permission d'être soi-même, sans jugement ni critique.

L'importance de l'acceptation de soi

L'acceptation de soi est la clé pour développer une estime de soi solide. Cela signifie reconnaître et embrasser toutes les facettes de sa personnalité, y compris ses imperfections. En acceptant nos défauts, nous nous libérons du poids de l'autocritique.

Changer de perspective

Plutôt que de voir nos défauts comme des obstacles, nous pouvons les considérer comme des opportunités de croissance et d'apprentissage. Chaque erreur ou échec est une occasion d'apprendre et de s'améliorer. En adoptant cette mentalité positive (ou mentalité de croissance), nous pouvons transformer nos imperfections en forces.

Lâcher prise

Le perfectionnisme peut être un véritable obstacle à l'acceptation de soi. Lorsque nous nous fixons des standards irréalistes, nous nous mettons une pression énorme pour être parfaits. Cela peut entraîner un sentiment constant d'échec et d'insatisfaction. Apprendre à renoncer au perfectionnisme, c'est se donner la permission d'être imparfait et de faire de son mieux sans se juger.

"La victoire sur soi est la plus
grande des victoires."

PLATON (PHILOSOPHE)

"Crois en toi. Deviens le genre de
personne avec qui tu seras
heureuse de vivre toute ta vie."

GOLDA MEIR (FEMME D'ÉTAT
ISRAÉLIENNE)

Le perfectionnisme

Sens-tu parfois que ce que tu fais n'est pas assez bien ?

____

Te compares-tu souvent aux autres ?   _________

Reviens-tu trop souvent sur quelque chose que tu as dit ou fait en souhaitant pouvoir l'effacer pour mieux recommencer ?   _________

Ressens-tu la pression du regard des autres ?

____

Cherches-tu constamment à plaire aux autres ?

____

Si tu as répondu oui à l'une de ces questions alors tu es peut-être perfectionniste.

Vouloir être parfaite tout le temps est à la fois épuisant et stressant. Rechercher l'excellence est une grande qualité mais garde en tête que la perfection n'existe pas.

Que penses-tu de l'expression : "**Mieux vaut fait que parfait**" ? Que penses-tu que cela veut dire ? Penses-tu pouvoir l'appliquer ?

Si tu pouvais changer trois choses pour ressentir plus de confiance en toi, quelles seraient-elles ?

1 ____

____

____

2 ____

____

____

3 ____

____

____

Tes réponses sont-elles réalistes ou impossibles à mettre en oeuvre ? Est-il raisonnable de vouloir changer ces trois choses ? Si oui, comment ?

____

____

____

____

____

____

____

Y a-t-il des domaines où tu ressens de la pression pour être parfaite ?

Ce peut être à l'école, dans ta famille, dans ton club de sport ou de musique, sur Internet.

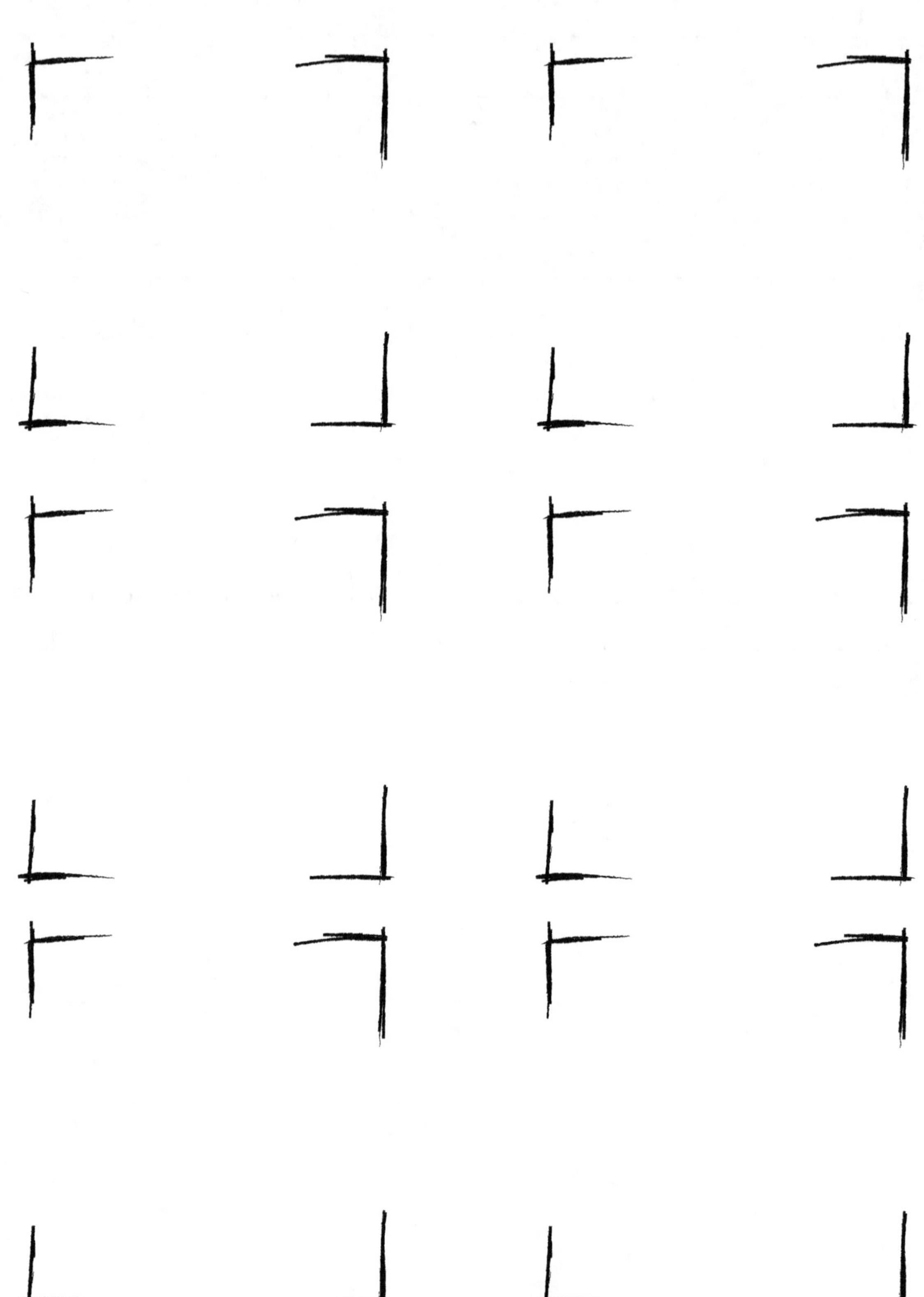

Fais une liste des choses que tu penses devoir faire mais n'as pas vraiment envie de faire

Pourquoi penses-tu devoir le faire ? Que se passerait-il si tu ne le faisais pas ?

1

2

3

4

Choisis un des domaines où tu ressens de la pression pour être parfaite

Si tu pouvais être parfaite dans ce domaine, quel serait ton objectif ?

Est-ce que cet objectif te paraît atteignable ?

Si cet objectif te paraît difficile à atteindre, as-tu pensé à le découper en différentes étapes comme suggéré dans le chapitre Tes objectifs ?

Pourquoi ou pour qui penses-tu vouloir atteindre la perfection dans ce domaine ?

Apprendre à dire non

Apprendre à dire non est une compétence essentielle pour développer ta confiance en soi et établir des limites saines dans tes relations avec les autres. Dire non peut sembler difficile, surtout lorsque tu veux plaire aux autres ou éviter les conflits. Cependant, il est important de se rappeler que dire non est un acte de respect envers toi-même et permet de préserver ton bien-être émotionnel et mental.

Pourquoi est-il important de dire non ?

Dire non est une façon de prendre soin de toi et de respecter tes propres besoins et limites. Cela permet d'éviter de te sentir submergée, utilisée ou manipulée par les autres. En disant non, tu affirmes ton autonomie et ta capacité à prendre des décisions qui te conviennent.

Comment dire non de manière assertive ?

Savoir dire non de manière assertive est dire "non" de manière claire, respectueuse et sans agressivité. Voici quelques conseils pour t'aider :

- **Sois claire et directe** : Exprime ton refus de manière concise et sans ambiguïté. Utilise des phrases simples et évite de te justifier.
- **Reste calme et respectueuse** : Parle d'une voix posée. Montre du respect envers l'autre personne tout en affirmant ta position.
- **Utilise des phrases commençant par "je"** : Par exemple, dis "Je ne suis pas disponible ce soir" plutôt que "Tu ne peux pas compter sur moi ce soir".

- **Propose (éventuellement) des alternatives** : Si tu ne peux pas accepter une demande, propose des alternatives ou des compromis qui pourraient convenir aux deux parties. Ne te sens pas obligée de le faire, ce n'est pas à toi de trouver des solutions aux problèmes des autres par exemple.
- **Reste ferme** : Ne te laisse pas influencer par les tentatives de manipulation ou de persuasion de l'autre personne. Reste fidèle à ta décision et maintiens tes limites.

Surmonter la peur de dire non

Il est normal de ressentir de l'appréhension ou de la peur lorsqu'il s'agit de dire non. Cependant, cette peur ne doit pas t'empêcher de t'affirmer et de prendre soin de toi-même. Voici quelques conseils pour t'aider :

- **Identifie tes peurs** : Prends le temps de réfléchir aux raisons pour lesquelles tu as peur de dire non. Est-ce la peur d'être rejetée, de décevoir ou de créer des conflits ? Une fois que tu as identifié tes peurs, tu peux commencer à les surmonter.
- **Pratique** : Commence par dire non à de petites demandes qui ne te mettent pas trop mal à l'aise. Plus tu pratiqueras, plus tu te sentiras à l'aise. Tu peux t'exercer devant ton miroir ou en demandant à un membre de ta famille par exemple. Cela te permettra de te familiariser avec les mots et les expressions que tu souhaites utiliser, et de te sentir plus confiante lorsque tu seras confrontée à une situation réelle.

- **Visualise le résultat positif** : Imagine-toi en train de dire non et ressentez la satisfaction et le soulagement que cela peut t'apporter. Visualiser le résultat positif peut t'aider à renforcer ta confiance en toi et à surmonter tes peurs.
- **Entoure-toi de soutien** : Parle de tes difficultés à dire non à des personnes de confiance, comme tes ami(e)s ou ta famille. Ils pourront te soutenir et t'encourager dans ta démarche.
- **Apprends à accepter les réactions des autres** : Il est possible que certaines personnes ne réagissent pas favorablement lorsque tu dis non, surtout si elles sont habituées à ce que tu dises oui. Cependant, rappelle-toi que tu as le droit de prendre soin de toi-même et de fixer tes propres limites. Apprends à accepter les réactions des autres sans te remettre en question.

Se comparer aux autres

La comparaison avec les autres peut être un piège dans lequel il est facile de tomber. Lorsque nous nous comparons constamment aux autres, nous nous mettons en compétition et nous nous jugeons. Il est important de se rappeler que chaque personne a son propre parcours et ses propres défis. Nous sommes tous uniques et nous avons tous nos propres forces et faiblesses. Se concentrer sur notre propre croissance personnelle et notre propre apprentissage est bien plus bénéfique que de se comparer aux autres.

Faire preuve de bienveillance envers soi-même

La bienveillance envers soi-même est un acte d'amour et de compassion envers soi-même. Cela signifie se parler avec gentillesse et douceur, comme nous le ferions avec un(e) ami(e). Lorsque nous faisons preuve de bienveillance envers nous-mêmes, nous nous donnons la permission d'être imparfaits et nous nous traitons avec respect et compréhension. La bienveillance envers soi-même est un puissant outil pour développer une estime de soi solide et une confiance en soi durable.

Te pardonner à toi-même

Regrettes-tu une chose que tu as faite et y penses-tu souvent ?

Imagine-toi dans deux ans, crois-tu que tu y penseras toujours ?

Sachant que personne n'est parfait et que tout le monde commet des erreurs, acceptes-tu de te pardonner ?

Que penses-tu avoir appris de cette expérience ?

Bill Gates, entrepreneur et philanthrope : "Il est normal de fêter ses succès, mais le plus important reste de tirer des leçons de ses échecs"

Ton image

Y a-t-il une ou des partie(s) de ton corps que tu n'aimes pas ?

____

Retouches-tu toujours tes photos avant de les poster ?

____

Crois-tu difficilement les personnes qui te complimentent sur ton physique ou ton style ?

____

Ressens-tu parfois des pressions pour changer de vêtements ?

____

Si tu as répondu oui à l'une de ces questions, ton image te préoccupe beaucoup. Penses-tu que tout le monde s'inquiète autant pour son apparence ?

____

____

____

____

Pour gagner en confiance en toi, mise sur tes points forts et exploite ce que tu aimes dans ton apparence. Porte les vêtements dans lesquels tu te sens à l'aise et qui te font te sentir bien dans ta peau.

Ton apparence

Reprends la liste de tes modèles féminins. Crois-tu qu'elles doutent parfois de leur image ?

Penses-tu que ces femmes se préoccupent davantage de leur apparence que de leurs actions ?

Trouves-tu facilement des photos de femmes "normales" dans les magazines ? Trouves-tu cela logique ?

Liste ci-dessous les aspects de ton physique ou de ton style que tu apprécies particulièrement :

Coco Chanel, créatrice de mode : "La beauté commence au moment où vous décidez d'être vous-même"

La place des filles

Que signifie être une fille pour toi ?

____

____

____

____

____

Penses-tu que certains domaines sont réservés aux garçons ou que certaines activités sont plus difficiles pour les filles ? Si oui, lesquelles et pourquoi à ton avis ?

____

____

____

____

Penses-tu que l'on attend des attitudes ou des aptitudes différentes pour les filles ? Cite les ci-dessous :

____

____

____

____

Qu'aimes-tu dans le fait d'être une fille ?

Que trouves-tu difficile dans le fait d'être une fille ?

Les stéréotypes

Un stéréotype est une opinion toute faite, un cliché. C'est la caractérisation d'un groupe (un genre, une origine, un lieu d'habitation, une aptitude, une origine sociale, etc.) qui s'appuie sur des attentes et des jugements préconçus comme "les filles sont moins bonnes en maths que les garçons". As-tu déjà été confrontée à des stéréotypes ?

Si cela a été le cas, comment t'es tu sentie ? As-tu trouvé cela juste ?

T'arrive t-il de juger quelqu'un sur son apparence, son origine, son genre ?

Il peut arriver à tout le monde d'avoir des préjugés. L'important est de s'en rendre compte et d'avoir une pensée plus objective.

David Augustin de Brueys, théologien : "Tous les préjugés tirent leur origine de l'ignorance"

Les filles ont des rôles et des contributions tout aussi importants, significatifs et valables que ceux des garçons.

Tu n'es aucunement limitée par les attentes souvent étroites que la société peut avoir envers les filles. Que ce soit dans le domaine académique, professionnel, artistique ou autre, tu as la capacité d'exceller et de briser les barrières.

Il se peut que tu rencontres des stéréotypes, des attentes non fondées basées sur ton genre. Cependant, ces stéréotypes ne définissent pas qui tu es ni ce que tu peux accomplir. Tu es une personne unique avec des talents, des idées et des rêves qui n'ont aucune limite basée sur ton genre.

Les stéréotypes peuvent être comme des chaînes invisibles, mais souviens-toi que tu as le pouvoir de les briser. Ne laisse jamais personne te dire ce que tu peux ou ne peux pas faire en raison de ton genre. Sois fière de qui tu es, de tes compétences, de tes aspirations et de ta voix.

Prends ta place dans la société avec assurance. Sois une source d'inspiration pour toi-même et pour les autres. Embrasse chaque opportunité pour grandir, apprendre et faire entendre ta voix. Le monde a besoin de perspectives diverses et riches, et tu es une partie précieuse de cette diversité.

Le harcèlement

Le harcèlement est caractérisé par l'**usage répété de la violence**, qui peut être **verbale** (injures, insultes, moqueries, critiques), **physique** (menaces, coups, attouchements non désirés) ou **psychologique** (regards méprisants, mise à l'écart, humiliations). Il existe également le **harcèlement d'appropriation**, soit le racket ou l'extorsion : la victime est forcée de donner des choses qui lui appartiennent (argent, objets, nourriture). Cette violence est le fait d'une ou de plusieurs personne à l'encontre d'une victime. Il peut par exemple arriver à l'école ou sur les réseaux sociaux (**cyber-harcèlement**).

Le harcèlement se fonde sur le rejet de la différence. Le ou les agresseurs peuvent par exemple se moquer de l'apparence physique, de la manière de s'habiller, de l'attitude, d'un handicap, d'un bégaiement, de l'appartenance à un groupe social ou culturel particulier d'une victime plus faible et/ou isolée.

Le harcèlement peut avoir de graves conséquences pour la victime, telles que l'anxiété, la dépression, une faible estime de soi et même des dommages physiques. Peu importent ses supposées raisons, **le harcèlement n'est jamais drôle, jamais justifié et doit toujours être signalé afin de le faire cesser.**

Albert Camus, écrivain : "Etre différent n'est ni une bonne ni une mauvaise chose. Cela signifie simplement que vous êtes suffisamment courageux pour être vous-même."

Que faire face au harcèlement ?

Que tu en sois le témoin ou la victime, tu n'es pas seule et les adultes sont là pour aider.

En parler à un adulte de ton établissement scolaire

Appeler le numéro gratuit 3020 en France

En parler à un(e) ami(e) ou des ami(e)s

En parler à tes parents

L'important est de ne pas faire comme si de rien n'était dans l'espoir que cela s'arrêtera tout seul ou que cela ne t'arrive pas. C'est au harceleur d'être isolé !

Les enfants avec le plus de confiance en eux et entourés sont les moins susceptibles d'être victimes de harcèlement.

"Toute méchanceté a sa source
dans la faiblesse."

SÉNÈQUE (PHILOSOPHE)

"J'ai la faiblesse de penser qu'en
général, la méchanceté n'est pas
une preuve d'intelligence."

RENÉ GOSCINNY (SCÉNARISTE DE
BANDES DESSINEES)

Les ami(e)s jouent un rôle important dans nos vies. Ils ou elles sont là pour nous soutenir, nous écouter et partager des moments de joie et de tristesse avec nous. Mais comment créer des liens d'amitié solides et durables ? Comment trouver des ami(e)s qui nous comprennent et nous acceptent tels que nous sommes ?

Se faire et garder des ami(e)s nécessite de prendre un peu de risques, de faire confiance et de communiquer.

Sois toi-même

La première étape pour créer des liens d'amitié est d'être toi-même. N'essaie pas de changer qui tu es pour plaire aux autres. Les vrais ami(e)s t'accepteront tel que tu es, avec tes qualités et tes défauts. Sois authentique et montre aux autres ta véritable personnalité. N'aie pas peur d'être différente, car c'est ce qui te rend unique et intéressante.

Sois ouverte et amicale

Pour créer des liens d'amitié, il est essentiel d'être ouverte et amicale. Montre de l'intérêt pour les personnes que tu rencontres, pose-leur des questions sur elles-mêmes et écoute attentivement leurs réponses. Sois attentionnée et bienveillante. Un simple sourire ou un geste amical peut faire toute la différence et ouvrir la porte à de belles amitiés.

Partage tes centres d'intérêt

Une excellente façon de créer des liens d'amitié est de partager tes centres d'intérêt avec les autres. Que ce soit le sport, la musique, les jeux vidéo ou la lecture, trouve des personnes qui partagent les mêmes passions que toi. Rejoins des clubs ou des groupes qui se réunissent autour de ces activités et tu rencontreras des personnes qui partagent tes intérêts. Cela te permettra de créer des liens plus facilement et de tisser des amitiés solides.

Sois attentive et empathique

Pour créer des liens d'amitié solides, il est important d'être attentive et empathique envers les autres. Sois à l'écoute de leurs besoins, de leurs émotions et de leurs préoccupations. Montre-leur que tu te soucies d'eux en étant présente et en offrant ton soutien lorsque nécessaire. L'empathie est la clé pour développer des relations saines et durables.

Fais preuve de respect et de tolérance

Dans toute relation d'amitié, il est essentiel de faire preuve de respect et de tolérance. Chacun a ses propres opinions, croyances et valeurs, et il est nécessaire de les respecter même s'ils diffèrent des tiennes. Évite les jugements hâtifs et les préjugés. Apprends à accepter les différences et à valoriser la diversité. Cela te permettra de créer des liens d'amitié solides et harmonieux.

Entretiens tes amitiés

Une fois que tu as créé des liens d'amitié, il convient de les entretenir. Passe du temps avec tes ami(e)s, montre-leur que tu te soucies d'eux (elles) et de partager des moments de qualité ensemble.

Fais face aux conflits

Dans toute amitié, il peut y avoir des désaccords et des conflits. Fais face à ces situations de manière constructive. Évite les confrontations agressives et privilégie la communication ouverte et respectueuse. Exprime tes sentiments et tes préoccupations de manière calme et non accusatrice. Écoute également le point de vue de ton ami(e) et cherchez ensemble des solutions pour résoudre le conflit. Les amitiés qui traversent des épreuves et qui sont capables de résoudre les conflits deviennent souvent plus fortes et plus profondes. Tu pourras utiliser les pages suivantes pour t'aider à résoudre d'éventuels problèmes.

Sois patiente

La création d'amitié solides et durables peut prendre du temps. Ne te décourage pas si tu ne te fais pas immédiatement de nouveaux (nouvelles) ami(e)s. Sois patiente et continue à être toi-même, à être ouverte et amicale envers les autres. Les amitiés sincères se développent de manière progressive et nécessitent du temps pour se construire.

En suivant ces conseils, tu seras en mesure de créer des liens d'amitié solides et durables. N'oublie pas que les amitiés sont précieuses et qu'elles peuvent t'apporter du soutien, de la joie, de l'épanouissement tout au long de ta vie et renforcer ta confiance en toi.

Penses-tu être une bonne amie ? Explique pourquoi ci-dessous :

____

____

____

____

____

Qu'attends-tu d'un(e) bon(ne) ami(e) ? Il peut être utile de faire une liste de qualités que tu recherches chez un(e) ami(e) :

____

____

____

____

____

Cette liste t'aidera à comprendre ce que tu recherches dans une amitié, et le genre d'ami(e) que tu veux être.

Est-il facile pour toi de lier de nouvelles amitiés ?

Imagine comment tu pourrais aborder une nouvelle personne.

Les bon(ne)s ami(e)s

Entoure les trois qualités ou caractéristiques qui sont les plus importantes à tes yeux ou ajoutes-en d'autres.

Me fait rire

Est sincère

Est digne de confiance

Est gentil(le)

M'est loyale

Me comprend

M'accepte telle que je suis

Est populaire

Garde mes secrets

Me soutient

Partage mes centres d'intérêt

Ne se prend pas au sérieux

Me fait me sentir bien

Me conseille

Porte des vêtements sympas

Me pousse à faire de nouvelles choses

M'encourage

Sais-tu identifier un(e)
faux/fausse ami(e) ?

Me pousse à faire des choses que je ne veux pas faire

Me critique souvent

Me raconte des mensonges

Se moque de moi ou fait des plaisanteries à mes dépens

Ne cherche pas mon meilleur intérêt

Se détourne de moi quand il/elle voit d'autres ami(e)s

Ne me prend pas au sérieux

M'utilise

Ne me rend jamais service mais me demande constamment de l'aide

Ne m'écoute pas

Cherche à me culpabiliser

Imagine que tu as un(e) ami(e) n'ayant pas à coeur tes intérêts

Quels conseils donnerais-tu à une personne dans cette situation ?

L'une des premières étapes pour gérer une relation toxique est d'établir des limites claires. Il est important de définir ce que tu es prête à accepter et ce que tu ne toléreras pas dans une relation. Identifie tes besoins et tes valeurs et assure-toi de les communiquer clairement à l'autre personne.

N'aie pas peur de dire non et de défendre tes limites. Tu mérites d'être respectée et de te sentir en sécurité dans une relation. Si l'autre personne ne respecte pas tes limites, il peut être nécessaire de prendre des mesures supplémentaires pour gérer la relation.

En cas de problème avec un(e) ami(e)

Quel est le problème ?

____

____

____

____

____

____

Comment te sens-tu par rapport à ce problème ?

____

____

____

____

Comment penses-tu que ton ami(e) se sente par rapport à ce problème ?

____

____

____

____

A ton avis, quelles sont les raisons de ce problème ?

____

____

____

____

____

As-tu déjà eu un problème avec un(e) ami(e) ?

Comment as-tu abordé ce problème ?

____

____

____

Comment ton ami(e) a t-elle réagi ? T'attendais-tu as cette réaction ?

____

____

____

Considères-tu avoir réglé le problème ou est-ce toujours un souci pour toi ?

____

Quelles sont vos relations désormais ?

____

____

____

Changerais-tu la manière dont tu as abordé le problème si tu le pouvais ? Que ferais-tu différemment ?

____

____

____

____

Que ressens-tu face à ce problème ?

Face à un problème avec un(e) ami(e), il est important d'exprimer ce que tu ressens. Une bonne relation suppose une bonne communication. Employer des phrases commençant par "je" permet de mettre en avant tes sentiments et de ne pas être aussi accusateur qu'une phrase commençant par "tu". Écrire permet également de mieux comprendre ce qui se passe, ce que tu ressens et t'aidera à parler plus calmement à ton ami(e).

Écris ce que tu ressens ci-dessous :

Je ____

____

____

Je ____

____

____

Je ____

____

____

Je ____

____

____

Imagine la conversation que tu aimerais avoir avec cet(te) ami(e)

L'autre jour, quand (explique ce qui s'est passé)

____

____

____

Je me suis sentie (décris ce que tu ressens, utilise la page précédente)

____

____

____

Je sais que je (prends ta part de responsabilités si nécessaire)

____

____

Peux-tu me dire si tu l'as fait exprès? (donne lui la possibilité de s'expliquer)

____

Peut-être que la prochaine fois, nous pourrions (trouve un compromis)________________

____

____

A toi de jouer maintenant !

As-tu parlé à ton ami(e) ?

Comment cela s'est-il passé ? As-tu pu lui faire comprendre comment tu te sentais ?

____

____

____

____

____

____

____

____

Que ferais-tu différemment une autre fois ?

____

____

____

____

____

____

____

Pense à l'ami(e) qui te semble avoir le plus confiance en lui/elle. Comment se traduit cette confiance ?

1

2

3

Penses-tu pouvoir imiter ces comportements ? Parfois, construire sa confiance en soi commence aussi par paraître plus confiante qu'on ne l'est en réalité.

"La vie est une chance, saisis la."

"Ne t'entoure pas de personnes qui te rabaissent et suis ton instinct."

En conclusion

Comme tu as pu le constater au fil des pages, la confiance en soi se nourrit d'expériences tout au long de la vie.

Il est normal d'avoir peur, de douter, de se tromper, d'échouer. Mais cela ne doit jamais t'empêcher de tenter, de recommencer, d'avancer.

Plus tu te connaîtras et t'apprécieras à ta juste valeur, plus tu t'accepteras telle que tu es. Plus tu prendras de risques et agiras, plus tu gagneras en confiance en toi.

Avoir une vie pleine et enrichissante nécessite de faire preuve de courage. Pour citer Nelson Mandela, homme d'État Sud-Africain, "le courage n'est pas l'absence de peur, mais la capacité de vaincre ce qui fait peur."

Tu peux le faire, crois-en toi !

Ce que je retiens

1

2

3

4

5

6

Ce que je vais faire

1

2

3

4

5

6